# Tabla de Contenido


Ansiedad - Entendiendo el trastorno ........................................1

Los mecanismos de la ansiedad generalizada ........................... 12

La ansiedad y la química emocional........................................ 23

Alivio muscular o relajación muscular progresiva..................... 27

Mejores alimentos como apoyo a tu ansiedad ......................... 35

Remedios naturales contra la ansiedad.................................... 46

Consejos que te pueden ayudar para enfrentar y superar tus miedos ....................................................................................... 50

# Cómo Vencer el Miedo y la Ansiedad para Siempre

## Guía Definitiva de cómo Superar tus Miedos para Disfrutar Plenamente de tu Vida

Dr. Lucas Allen

"Cualquier cosa que el hombre gane debe pagarla cara, aunque no sea más que con el miedo de perderla".

**<u>Friedrich Hebbel</u>**[1]

1. https://proverbia.net/autor/frases-de-friedrich-hebbel

# Índice


**Prólogo**

Nota del autor

Introducción

Ansiedad - Entendiendo el trastorno

Los mecanismos de la ansiedad generalizada

La ansiedad y la química emocional

Alivio muscular o relajación muscular progresiva

Mejores alimentos como apoyo a tu ansiedad

Remedios naturales contra la ansiedad

Consejos que te pueden ayudar para enfrentar y superar tus miedos

# Prólogo

**¿Sientes que la ansiedad y los miedos están destruyendo tu vida? Si es así, te invito a que te quedes a terminar este libro que será tu primer paso para salir de tu ansiedad y miedo...**

Desde siempre, todos hemos tenido ansiedad en menor o mayor medida. De tal manera que las sensaciones suaves o intensas de esa emoción tienen de cierta forma un efecto beneficioso porque nos suministran un mejor desempeño en ciertas actividades que llevamos debido a la emoción y atención que provocan. Sin embargo, cabe señalar que cuando llega a salirse de control de leve a crónica puede llevarnos a presentar un deterioro importante en nuestra calidad de vida, y muchas veces con consecuencias desastrosas... Tales como el abuso de drogas, fármacos, problemas conyugales, laborales, sociales y como últimas salidas; el suicidio. Y obviamente, sin dejar de lado el gran sufrimiento que padece el individuo que sufre este trastorno.

Mi objetivo al escribir este corto libro, es presentar de una manera amena el problema de este padecimiento, y las maneras para superarlo, controlarlo o eliminarlo. Para ello lo he basado en mi propia experiencia, y de las técnicas y tratamientos para el mismo que yo usé. La guía incluye ejemplos y ejercicios que le facilitarán la comprensión y asimilación de los conceptos principales. Todos los procedimientos descritos en dicho libro están demostrados que sirven efectivamente contra la ansiedad y miedos si se llevan a cabo tal como están descritos... no voy a venderte humo y decirte que esto es magia pura: **¡no!** pero si pones de tu parte todos los días y haces tal cual presento aquí, podrías controlar o mejorar increíblemente tus miedos o ansiedad. Te invito a que disfrutes de la lectura; el primer paso hacia tu sanación. Muchas Gracias.

# Nota del autor

La información, y las técnicas expuestas se deben tomar únicamente como material informativo para la persona que sufre de este trastorno... Tampoco esta guía debe tomarse para reemplazar el diagnóstico y tratamiento de un especialista.

# Introducción

**¿Alguna vez has sentido los siguientes síntomas?**

- Palpitaciones aceleradas
- Molestias musculares
- Nauseas en situaciones sociales
- Sudoración sin causa aparente
- Vértigos, mareos
- Escalofríos
- Vergüenza que no es normal
- Excesiva preocupación
- Pensamientos extraños, repetitivos, desbordantes
- Miedos sin fundamento
- Miedo a morir de un infarto fulminante
- Necesidad de verificar las cosas o lavarte las manos obsesivamente
- Escalofríos y dificultad para respirar
- Atragantamiento

Si has respondido **Si** para la mayoría; esta guía puede ser muy útil para ti, más allá de 'curarte como por arte de magia' puede ser un parte aguas para tu sanación, porque sabrás más a fondo como actúa. La ansiedad y los miedos pueden exteriorizarse en una amplia gama de formas. Un individuo ansioso con miedo o ansiedad puede sentir taquicardias, miedo en situaciones sociales (rodeadas de personas), pensamientos catastrofistas en el futuro e igual evitar lugares que le pueden causar ese miedo.

Algunos síntomas más comunes de este problema son los constantes cambios de humor, los temblores, las dudas reiteradas, pánico. Algunas personas que tienen este problema pueden presentar cuadros de ansiedad repentina cuando se encuentran con detonantes como, por ejemplo, viajar en avión, la oscuridad o cierto animal. Mientras que otras personas tienen simplemente una ansiedad constante sin que nada aparentemente la provoque.

En la frenética vida en que vivimos actualmente, son millones los que sufren este mal. Algunos especialistas sostienen que al menos cinco de cada diez están o sufrirán la sintomatología de la ansiedad en los próximos años. Mientras otros estudios realizados por la OMS, afirman que de cada 3 varones al menos 6 mujeres han tenido o tendrán ansiedad moderada a crónica en algún punto de sus vidas.

Las consecuencias de padecer este trastorno generalizado pueden llegar a ser muchas. Sumado al malestar que ocasiona. Muchas veces esta se complica por cuadros de depresión, abuso de drogas, y alcohol. Y en otros les impide lograr un buen desempeño laboral, terminar una carrera o conocer el amor... Afortunadamente al día de hoy, los siquiatras disponen de muchos tratamientos y técnicas que podría ayudar a las personas que padecen estas dolencias.

Esta guía intenta sintetizar de modo amena y ordenada todos esos conocimientos prácticos ya probados de una manera efectiva y sencilla. Es sin lugar a dudas un libro que podría ser de mucha ayuda en este momento, si te encuentras sumido en una ansiedad y miedo. Tampoco quiero decirte que lo lograrás en una semana, pero si podrá ayudarte en gran medida si aplicas al pie de la letra todos los conocimientos expuestos aquí. Quizás se pregunte, pero ¿realmente es posible superar el miedo y la ansiedad? pues déjame responderte sinceramente con un rotundo SI... siempre y cuando hagas al pie de la letra todo lo te recomienda tu especialista y como segunda opción lo que expongo en este libro. Si lo haces, comenzarás a sentirte mucho mejor y puede incluso curarse. Solo por mencionar un ejemplo, hay más posibilidades tú que padeces miedo y ansiedad te cures en meses a que una persona que sufre adicciones o cuadros psicóticos lo haga. Por tanto, si se logra al final después de haber puesto lo mejor de ti, y te hace sentir mejor; podré decir con orgullo que este libro ha cumplido su objetivo, y ha valido la pena.

La manera correcta de poder superar una ansiedad costa por lo regular de ocho fases, lista que a continuación leerás:

- Entender el trastorno que provoca la ansiedad
- Saber a fondo toda la sintomatología que sufre la persona ansiosa (específicamente aquellos que no son tan conocidos)
- Identificar la forma específica de cómo se presentó en su vida
- Hacer un análisis y seleccionar el método, tratamiento o técnicas más efectivas para hacerle frente
- Aprender dicho método o técnica
- Aplicarlas con disciplina diariamente
- Valorar el resultado
- Y si da resultados, mantener la estabilidad

# Ansiedad - Entendiendo el trastorno

La ansiedad es una emoción completamente normal en los seres humanos, y su función primordial es de supervivencia. Todos los seres vivos incluso animales requerimos de un sistema de vigilancia para sobrevivir, y esa ansiedad normal es la que cumple ese papel en situaciones específicas. Es que, es normal que tengamos miedo cuando se presenta un peligro real. Inclusive, nuestro organismo está diseñado para sentirlo en circunstancias determinadas, obviamente, para evitar daños fatales. Por ejemplo, cruzar una calle transitada, caminar de noche por un lugar peligroso o adentrarnos al bosque etc. Sería estúpido no sentir miedo en situaciones de vida o muerte.

Sin embargo, en ocasiones pasa que todo ese increíble mecanismo de prevención de catástrofes, no funciona como uno quisiera, produciendo falsas alarmas ante ningún peligro. En este punto llegamos a lo que es un trastorno de ansiedad. Este tipo de trastorno se identifican porque son los principales elementos que causan sufrimiento humano constante. En psicología se le denomina un cuadro clínico:

**Los principales trastornos que derivan de la ansiedad son:**

- Trastornos de pánico
- Fobias
- Trastorno obsesivo compulsivo también conocido como TOC
- Estrés crónico
- Miedos
- Ansiedad generalizada crónica

Cabe señalar, que la sintomatología de la ansiedad, también pudiera estar provocada directa e indirectamente por padecimientos específicos: como alguna enfermedad, o el consumo de drogas como la metanfetamina, cocaína, mariguana o bebidas dietéticas, así como el consumo de ciertos fármacos, medicación hormonal etc.

Veamos más a fondo cada uno de los trastornos derivados de la ansiedad a continuación:

**Trastorno de pánico:**

— "Siento que estoy sufriendo un infarto cardiaco, y creo moriré". Mónica es una docente de primaria joven que sufre de crisis de ansiedad desde hace 1 año. La primera vez que tuvo una crisis fue a urgencia porque creía que estaba sufriendo un ataque cardíaco. Jamás imaginó que tenía ansiedad y mucho menos pensó que los médicos le tomarían tan poca importancia a su supuesta urgencia. Únicamente le comentaron: "usted tiene ansiedad", y le recetaron una pastilla, medicamento que en principio le quitaban la sintomatología y le dejaban un poco sedada y somnolienta, pero después de un par de semanas se dio cuenta que el monstruo seguía ahí...

Siempre estaba pendiente de su ritmo cardiaco si los latidos se le aceleraban. A pesar de que antes era deportista, Mónica dejó poco a poco el correr debido a que le daba miedo que su corazón latiera fuerte, y le resultaba imposible no percatarse de ello... También comenzó poco apoco a distanciarse de su pareja por el miedo a sostener relaciones sexuales, igual, por el terror que le producía morir de un paro cardiaco debido a sentir las pulsaciones aceleradas que es normal en una actividad física...

El trastorno de pánico se identifica por el intenso miedo a volver a sentir toda la cadena de síntomas en ciertos lugares o momentos específicos. Una crisis de pánico es un miedo intenso que suele ocurrir de manera súbita, y llega a un máximo de intensidad en un par de minutos manteniéndose como máximo por doce. Para llamarle ataque de pánico debe ir acompañado de al menos 3 elementos de los que a continuación se muestran:

- Inquietud y zozobra
- Taquicardias que oscilan entre los 100 hasta los 165 latidos por minutos
- Sensación de ahogo (sensación de no poder respirar)
- Opresión en el pecho no focalizado
- Una sensación como de atragantamiento, imposibilidad de tragar saliva
- Malestar estomacal, diarrea
- Mareo
- Irrealidad: sensación de que todo lo ves de una manera irreal como si lo estuvieras soñando
- Despersonalización: sensación como si no estuvieras dentro del cuerpo, como si flotaras
- Angustia casi incontrolable y miedo de volverte loco especialmente por las noches
- Miedo a morir y que en la morgue te observen gente extraña en tu desnudez
- Quijada entumida o sensación de hormigueos de pies y manos
- Sensación de escalofríos y temblores incontrolables

Al trastorno de pánico los especialistas lo definen como el miedo al miedo o la fobia al miedo. En esencia, el que la sufre le da pavor que simples síntomas inofensivos se manifiesten como una señal potencialmente mortal, por lo cual al pensar y sentir eso, crea un miedo que se desborda generando todos los cuadros ya descritos con Mónica.

Así que recuerda la etapa de una crisis de pánico, solo es un ejemplo la sensación, céntrate en la interpretación que siempre es el punto principal porque se desencadena todo:

### **<u>Sensación Interpretación ansiosa</u>**

| Sensación | Interpretación ansiosa |
| --- | --- |
| Dolor agudo en el pecho | ME MUERO AYUDA |
| Dolor o malestar en el pecho | PODRÍA MORIR NO ESTARÉ SUFRIENDO UN ATAQUE CARDIACO |
| dolor casi imperceptible en la zona del pecho | Y SI ESTOY TENIENDO UN ATAQUE CARDÍACO |
| | ME DA MIEDO QUE PUEDA SER UN SOPLO... |
| pecho oprimido | ME DA MIEDO SER OPERADO |

Estas suelen ser las principales, pero también tienden a malinterpretar el vértigo como una señal de que han sufrido un derrame cerebral, y solo es cuestión de tiempo para desmayar y quedar inconsciente, y obviamente el mareo llega debido a la hiperventilación. Las crisis o ataques de pánico suelen ser un problema muy difícil de llevar, porque te impide disfrutar la vida debido al constante miedo que te encadena de estar temiendo que se presenten en los lugares menos pensados. Y el miedo a los señalamientos de que te tachen de loco.

**Agorafobia:**

Caso de pepe

— "No quiero ir a buscar trabajo, siento me desmayaré". Pepe inicio a tener los ataques de pánico hace dos años... en un principio su mayor terror era caerse debido a los mareos y morir desangrado. Conforme se hicieron más fuerte y periódicos, se dio cuenta que había ciertos lugares donde el monstruo se desataba. Y estos lugares eran donde había muchas personas en sitios como, por ejemplo: tiendas departamentales, cine, escuelas, etc. En un inicio intentó evitar las horas donde había mucha gente debido a que de ese modo estaba más tranquilo... luego escaló el trastorno al punto de ser incapaz de ir solo a lugares así. Este trastorno le afectó tanto que perdió su trabajo como maestro en una universidad, igual por el pavor a hablar en grupos grandes y el qué dirán. Tan simple como desplazarse en autobús le era imposible porque cada vez se bajaba le daba un terror que le mirasen como le quedaba su pantalón en la parte trasera, o lo miraran de perfil especialmente las chicas. Desafortunadamente, puede pasar que "solucionemos" el miedo radicalmente, evitando esos lugares donde nos den la crisis. Lo malo de esto, es que esa evitación puede desencadenar otros problemas hasta alcanzar un trastorno llamado agorafobia crónica.

Las personas que tiene este trastorno suelen evitar muchas situaciones desde las ya mencionadas hasta las impensables. Por ejemplo, ir a buscar trabajo, caminar por las alturas, ir en ascensores, viajar en aviones, camiones etc. Para el agorafóbico cualquiera de esas situaciones ante su percepción es una situación amenazadora de vida o muerte.

Cabe aludir que la agorafobia no siempre está relacionada directamente con el trastorno de ataques de pánico. Lo que mantienen este trastorno en sí, es evitar esa clase de lugares que le producen el miedo. Por consiguiente, las crisis de ansiedad las causa por ir a tales lugares... Lo que sucede es que en esos sitios en particular se dan las circunstancias propicias para que inicie la cadena de síntomas que disparan la crisis de pánico, nerviosa etc. Toda la sintomatología es inofensiva, pero en la mente de la persona en cuestión ocurre la interpretación catastrofista. Por lo que evitar esos lugares será contraproducente debido a que se irá envolviendo en su círculo de seguridad al punto de aislarse totalmente de muchas cosas que antes disfrutaba. Es triste, pero en muchos casos se les termina la vida sin haber disfrutado por el miedo a este trastorno.

**Fobia social:**

— "Solo soy capaz de buscar trabajos donde pueda estar solo o no haya mujeres". Manuel.

Como el caso de él hay muchos... Hay personas que pasan meses sin salir de casa, otros que sienten un miedo terrible únicamente ir al centro de la ciudad en bus por el miedo a las miradas... otros temen situaciones o trabajos donde se está en contacto con la gente. Odian trabajar en grupos por el que dirán, y en dado caso se equivoquen laborando sufren en gran medida los señalamientos a tal grado que muchos se deprimen por días por un simple señalamiento de un error... La persona con fobia social es muy dura consigo misma en su mente. Repite la misma escena una y otra vez. Por ejemplo, si alguien los corrigió por un error en público el exagerará mil veces en su mente auto flagelándose. La persona con fobia social no teme a la persona en sí, sino teme a los juicios, a los que dirán, a las críticas, a las miradas... A las opiniones referente a su persona, su vestimenta, su habla, sus pensamientos... es por eso que suelen estar calladas si en dado caso trabajan. Es uno de los trastornos que menos se toman en cuenta en las empresas. Sin imaginar que muchas de las renuncias alrededor del mundo en las primeras semanas se deban a la fobia social.

Este trastorno en esencia es un trastorno de ansiedad que pasa desapercibido para la mayoría. Incluso para la persona que la padece muchas veces. Por lo regular el fóbico social tiende a echarle la culpa a su carácter y a la misma situación estresante que vive. Es por eso que muchos fóbicos sociales jamás conocerán el amor... temen una crítica a un no. Por ejemplo, un chico insinuándose a una chica es impensable. Debemos tener muy en claro que la timidez no es lo mismo a tener una fobia social. Aunque, la persona tímida pueda experimentar ansiedad, pero no lo llega a recluir en casa o a situaciones generales. En otras palabras, no lo invalida a ser su vida normal. Una persona con fobia puede sufrir crisis económicas y amorosas por su simple condición. He conocido personas que duraron hasta 10 años sin un empleo debido al miedo de estar en situaciones así.

El individuo tímido no le incapacita su personalidad. No es tan abierto, pero tampoco le impide desempeñarse en áreas de trabajo. Quizás no busque empleos públicos como: bares, restaurantes, pero le va bien en oficinas, fabricas etc. En cambio, la persona que sufre fobia social todo es muy complicado en situaciones incluso con poca gente, como: buscar novia, conversaciones ante grupos, comer en público, defenderse en situaciones verbales, alzar la voz, buscar trabajo etc. Estas simples situaciones que para la mayoría son normales para estas personas son un infierno, desde producirles cuando están expuestas: colitis, diarreas, dolores de cabeza, malestares musculares, boca seca, palpitaciones... Y se terminan una vez que vuelve a su burbuja de seguridad (zona de confort). Es muy común que las personas que padecen fobia les de miedo que las demás personas se den cuenta de su problema. Por eso intentan no sudar, ponerse rojos o temblar para evitar pasar más inseguridades y vergüenzas en su percepción.

De hecho, conocí una persona que omito su nombre por respeto, que tenía posgrado en administración de empresas, pero por tener fobia social decidió conseguir un trabajo de noche como velador en un panteón. El mayor sueño que tenía me dijo; era encontrar un trabajo en un faro en el mar solo... era su sueño más anhelado. No es anormal que los fóbicos sociales padezcan ataques de pánico, aunque no es regla general. La solución que adoptan la mayoría para no estar de frente a esos intensos malestares son tres opciones: escapar de esos escenarios, evitarlas o disimularlas, aunque conlleve todos los síntomas ya descritos en secreto. Desgraciadamente, un gran número de estas personas para controlar sus síntomas recurren a las drogas, tranquilizantes o sustancias para mantenerse calmados en contextos sociales.

**Las fobias específicas:**

Se caracterizan por miedos ilógicos y exagerados ante ciertas situaciones (subrayo lo de ilógicos y exagerados) ante estar expuesto a extornos o contextos temidos. Existen varias clases de fobias:

- **La ambiental:** por lo regular miedo a las alturas, mar, ríos, electricidad, lluvia todo aquello que se encuentra en la naturaleza de manera inanimada.
- **Animal**: por lo regular son miedos excesivos a ciertos animales, insectos, arácnidos, pájaros etc.
- **A la sangre:** temor a contagiarse a todo tipo de patógenos y virus como: VIH, hepatitis, gonorrea etc.
- **Situaciones de la vida cotidiana:** temor a manejar por chocar, salir de viaje por miedo a accidentes, etc.

Está comprobado que sin una guía correcta para manejar este tipo de miedos a la larga la persona podría adquirir alguna enfermedad crónica degenerativa de tipo orgánico.

**Trastorno obsesivo-compulsivo:**

Lo particular de este trastorno derivado de la ansiedad generalizada es precisamente la obsesión sobre cierta cosa o situación. Las obsesiones son esos pensamientos o imágenes que aparecen repentinamente ajenas a nosotros. Y por lo regular son casi incontrolables e involuntarias. Es normal que quienes no la padecen no tienen ni la menor idea de la angustia que se siente, y por ende juzguen de locos. Por ejemplo, hay personas a los que le vienen pensamientos en forma de imágenes donde se ven asesinando a su esposa o familiar y temen en cierto momento perder el control en la realidad. La mayoría coincide que cuanto más luchan por quitarse esos pensamientos; más fuertes se hacen. Unos corren con todas sus fuerzas por la calle, otros mueven la cabeza para deshacerse de esos pensamientos, otros se rasguñan y algunos más se muerden y se hacen pequeñas cortadas. Existen diferentes tipos de obsesiones que se dividen en varias categorías como:

- **Las agresivas:** temor a cometer un crimen cuando vienen a la mente esas imágenes y pensamientos. Se vuelven peor si tiene enfrente a un ser querido. Miedo a blasfemar contra Dios, y decir malas palabras, miedo a suicidarse. Etc.
- **Obsesionarse por la suciedad:** preocupación exagerada por miedo a contagiarse de virus, bacterias o sustancias nocivas. Miedo a contraer una enfermedad sexual. Como dato adicional, muchos que padecen estas fobias pasan toda su vida sin tener relaciones sexuales o tan siquiera dar

un abrazo.

- **Obsesiones sexuales:** Extremo miedo al sexo o fijaciones morbosas del sexo opuesto. Temor a convertirse en homosexual, o pedófilo. Inundación de pensamientos sexuales atípicos y raros. Distorsión sexual. Pensamientos recurrentes en torno a él. Etc.
- Otro tipo de miedos que se dan son los mixtos; como terror a despertarte un día y no poder hablar, recordar, o crees que te volviste loco y sacas una suma como 2 más 2 para ver si tiene lógica y cerciorar contigo mismo si en verdad te volviste realmente loco. Obsesión a la perfección. Etc.

**Trastorno por estrés postraumático:**

Todos en algún momento de la vida tendremos que pasar por algún hecho trágico; desde accidentes, violaciones, secuestros y crueldad de otras personas. Entre algunas otras situaciones poco agradables que puedan imaginar. Cuando hemos estado entre la vida y la muerte, o envueltos en situaciones negativas sumamente impactantes, es lo que se denomina estrés postraumático. Consiste básicamente en re experimentar tal hecho en forma de pesadillas repetitivas, recuerdos nocturnos o diurnos, indirecta o directamente por asociación de pensamiento. Cualquier idea o cosa que nos recuerda tal situación tiende a desencadenar un estado alterado de la mente y obviamente ansiedad. Por ejemplo, pasar por cierta calle que nos recuerda donde asesinaron a un familiar. Las personas que viven este padecimiento tienen a evitar todo cuanto les evoque esos hechos. Por tanto, hacen todo lo posible para no hablar, pensar, sobre el tema, evitando todo contacto y actividades o trabajos que puedan traerle malos recuerdos. Un gran porcentaje de las personas que tiene un marcado estrés postraumático tienen depresión moderada a profunda. Y en muchos casos los que no reciben tratamiento pueden acabar con sus vidas. Este trastorno puede durar semanas, meses e incluso años.

**Ansiedad generalizada:**

La famosa ansiedad generalizada, es la que no está centrada en ningún contexto o escenario que mencionamos anteriormente. Por ejemplo, en los trastornos de pánico se temen las crisis recurrentes y a las situaciones, lugares donde podría darse el famoso ataque. En las fobias sociales; el pavor a las situaciones sociales y el qué dirán de las personas. En las fobias específicas el temor a ciertos contextos, situaciones ya mencionadas como volar, andar en las alturas o estar cerca de lugares profundos de agua. El trastorno obsesivo compulsivo; miedo a los gérmenes, blasmefaciones, por mencionar algunos. Y el postraumático; los recuerdos o hechos vividos de vida o muerte o donde hubo traumas psicológicos. Pero en el trastorno de ansiedad generalizada no hay ese temor a cierta cosa o asunto específico, pero se teme a todo a la misma vez. Los individuos que tienen ansiedad generalizada son propensos a que sufran preocupaciones excesivas de la nada. Como si siempre estuvieran preocupados de algo tan simples como cosas del trabajo, estudio, pareja, miedos a tener un accidente. Les resulta imposible dejar de inquietarse por simples cosas del día a día. Y obviamente, el estar por mucho tiempo así, hace que surja la sintomatología que ya hemos mencionado; desde las palpitaciones hasta dificultades para dormir y angustia terrible.

# Los mecanismos de la ansiedad generalizada

El primer capítulo consistió básicamente en conocer las distintas formas que tiene la ansiedad de manifestarse. En este apartado vamos a ver más a fondo el mecanismo. Para poder enfrentarla lo primero que tenemos que hacer es identificar las causas - factores que intervienen directa o indirectamente en que una persona pueda experimentar ansiedad en circunstancias en las que los demás seres humanos no suelen presentarla.

Los especialistas diferencian cuatro grandes causas o factores para entender el mecanismo de este trastorno.

1) Los contextos – las circunstancias- las situaciones que liberan la cadena de respuesta de la ansiedad

2) A nivel fisiológico en cierta determinada circunstancia

3) Como respondemos en si a la ansiedad

4) Consecuencias a la sintomatología

➡ ➡ ➡ **Circunstancia respuesta fisiológica respuesta ansiosa consecuencias o acciones**

A continuación, veamos un poco más a profundidad las cosas que debes ser consiente para superar este trastorno.

### Desencadenantes de ansiedad

Estas variantes pueden depender de cada persona, pero en su mayoría son los principales que se presentan, aunque no están directamente relacionados con ningún trastorno:

- Ir a lugares concurridos
- Ir en elevador o ascensor
- Permanecer en una fila o guardar nuestro turno
- Hablar delante de muchas personas
- Ser observado por un grupo de personas
- Recibir críticas se intensifica si son varias al mismo tiempo
- Conversar con una persona atractiva o con autoridad
- Comer o beber en lugares concurridos
- Viajar en avión
- Ver sangre o heridas
- Tomar decisiones importantes
- Acudir a entrevistas de trabajo
- Pensar en el futuro
- Pensar en la muerte
- Por no estar contento con su apariencia (hay muchas personas que el simple hecho de no quedarle bien el pantalón o cierta prenda no salen por las miradas, etc.

Todo esto no quiere decir que temer a algo en concreto nos obliga a temerle otras situaciones directa o indirectamente relacionadas. Por ejemplo, hay persona que les resulta pavoroso hablar ante un grupo grande de personas, pero no temen declarársele a una chica. Aquí el punto es que para determinar la gravedad de cualquier trastorno de ansiedad generalizada no importa a que tantas situaciones tema la persona, sino que tanto repercute en su vida el sentir ansiedad. Le dificulta en su trabajo, a nivel laboral, personal, social etc.

Tal vez usted que lee este libro piense que no hay ninguna situación que le provoque ansiedad y tiene la razón. Hay personas que no tienen como causantes ninguna situación en particular. En psicología se prefiere usar estímulos porque es más fácil englobar como causantes de ansiedad pensamientos, emociones, recuerdos, sensaciones. Un ejemplo es que no temamos ninguna situación en particular, pero si tememos que nos miren... ese pensamiento de miedo a que nos miren nerviosos produce ansiedad.

Respuestas que inicia la ansiedad en los diferentes trastornos que ya mencionamos cuándo se presentan. Importante conocer:

**Respuesta fisiológica activa:**

- Palpitaciones
- Sensación de opresión
- Falta de aire
- Ruborizacion (enrojecimiento en el rostro)
- Diarrea. Etc.

**Respuestas cognitivas:**

- Recuerdos de un horrible accidente
- violación sexual o maltrato o recordar el rostro de los malhechores
- Pensamientos blasfemos hacia sus padres o Dios
- Dudas recurrentes sobre la orientación sexual
- Dudas después de unos segundos que se ha ido del lugar sobre si se han cerrado bien las puertas, ventanas, llaves del gas, lavado bien las manos etc.
- Percepción de uno mismo como raro o distante de la

realidad
- Imágenes violentas o de contenido agresivo en la mente

**Respuestas motoras fisiológica:**

- Temblor de manos por minutos
- Dificultad para hablar tartamudeo
- Debilidad en las piernas y manos sensación de desmayo

**Nuestra fisiología ante las situaciones**

Sufrir ansiedad de alguna manera se hereda hasta cierto punto. Cabe indicar que no heredamos un trastorno en específico, pero si heredamos esa cierta receptibilidad fisiológica a padecer con más facilidad taquicardias, tensiones musculares, entre toda la sintomatología ya descritos. Al tener esta disponibilidad a reacciones ante ciertas circunstancias que otros individuos, es más fácil aprender las reacciones de alarma ante ciertos contextos que para otros es algo normal. Po tanto, esa receptibilidad genética no produce ansiedad.

**Síntomas cognitivos:** la sintomatología cognitiva son todas aquellas imágenes y pensamientos recurrentes que se disparan en nuestra mente cuando estamos en un cuadro ansioso, es decir aquellos pensamientos que de manera automática nos vienen a la mente ante cierta situación.

**En el cuadro siguiente puedes ver a en general la sintomatología cognitiva**

| Ansiedad generalizada | Sintomatología cognitiva |
|---|---|
| **Trantorno de pânico** | La respuesta fisiológica es: Taquicardias escalofríos, temblor: y tus síntomas cognitivos son: **pensar**<br>Si me desmayo, si me muero por un ataque cardiaco, y si... |
| **Agorafobia** | Pensamientos:<br>**Y si me muero en el cine... si me caigo en la entrevista frente al resto... si me hago del baño frente a la chica que me gusta...** |
| **Fobias específicas** | Pensar:<br>"y si me da el cáncer." "El elevador podría estropearse." "Y si me atropella un auto |
| **Trastorno obsesivo compulsivo (TOC)** | Imágenes mentales o pensamientos recurrentes:<br><br>Aunque acabes de ver que cerraste la llave del gas regresas una y otra vez a verificar. y no estas agusto hasta que alguien más te diga está cerrada |
| **Fobia social** | Pensamientos:<br>-Seguro cuando toque mi turno lo haré terrible'<br>-Se están dando cuenta que me estoy poniendo rojo y dirán que soy débil y miedoso<br>-Que pensaran cuando me saluden y tenga mi mano pegajosa por el miedo que siento |
| **Trastorno por estrés postraumático-** | Pensar:<br>Volver a pensar sobre eventos pasados como:<br>Nunca volveré a hacer feliz<br>Y si me secuestran otra vez... si me matan |

El miedo y la ansiedad se presentan fisiológicamente a través de decenas de síntomas, como tensiones musculares, taquicardias, respiraciones elevadas, vómitos, náuseas, sequedad oral, sudoraciones, temblores, escalofríos por minutos, calores, insomnios, cefaleas, fuertes dolores de cuello que a veces se confunden con problemas cervicales, fatiga crónica a moderada, diarreas cortantes. Por fortuna todos esos síntomas no se presentan de golpe sino imagina: sería terrible. Lamentablemente tener toda esta sintomatología en ciertas etapas de ansiedad puede dar surgimiento a diferentes alteraciones en nuestra salud como el famoso colon irritable, colitis, estreñimientos, bruxismo. Una respiración elevada - hiperventilación juega un importante papel en un trastorno de pánico. Por ejemplo, a veces cuando se produce un aumento de respiraciones en un corto tiempo ese aumento de oxígeno a nivel sanguíneo en muchas personas provoca esa cadena de síntomas ya mencionados. Y justamente esos síntomas como mareos sensación extraña, son normalmente malinterpretados como un infarto fulminante o inminente locura. Y entonces vienen las crisis de pánico por semanas.

Especialistas concuerdan, que al menos un 75 % de las personas padecerá al menos un trastorno de pánico en toda su vida. Como puedes ver en el recuadro de arriba muchos síntomas por no decir todos, se repiten en casi todos los trastornos. Y eso es porque la ansiedad tiene una manifestación fisiológica parecida en todos los trastornos de ansiedad, aunque las situaciones y los pensamientos que originan dicho padecimiento sean diferentes.

Cuando estamos ansiosos la mayoría de las personas notan menos la cadena de síntomas en nosotros de lo que creemos. Particularmente en aquellos individuos que sufren de fobia social, y creen que todo el mundo se está percatando que están súper nerviosos en cierta situación, nada más lejos de la realidad. Por el contrario, evitar huir en esas situaciones que más miedo nos dan es un síntoma inamovible para que el problema continúe. Por ello es imprescindible aprender a controlar - manejar apropiadamente nuestros pensamientos y la inundación de imágenes que nos asaltan de forma autómata a nuestra mente. Afrontar en nuestra vida diaria a esas situaciones que solemos evitar o huir; es el último paso que tenemos que dar para de una vez por todas superar este terrible monstruo disfrazado de gatito.

Puedes ver los principales síntomas motores de la ansiedad agrupados por trastornos de ansiedad.

| Trastorno de ansiedad | Sintomatología motora |
| --- | --- |
| Trastorno de pánico | Evitar o escapar de las situaciones en las que piensas que podrías tener una crisis de ansiedad. Evitar o dejar de hacer las actividades que te provocan síntomas fisiológicos temidos (taquicardias, ahogo, opresión en el pecho, etc.), por ejemplo: hacer deporte o mantener relaciones sexuales. |
| Trastorno de Agorafobia | Evitar o huir de las situaciones estresantes o temidas. |
| La Fobia social | Evitar o huir de las situaciones que se temen. Dificultad para hablar atragantamiento tartamudeo. Temblores visibles de manos o piernas |
| Las Fobias específicas | Evitar o escapar de las situaciones temidas. |
| Trastorno obsesivo compulsivo | Evitar o escapar de las situaciones que teme. Lavarse las manos, poner orden de objetos cosas, comprobar excesivamente las cosas. |
| Trastorno por estrés postraumático | Evitar o escapar de las situaciones, personas u objetos que recuerdan la situación traumática. |
| Trastorno de ansiedad generalizada | La inquietud puede mostrarse como tocamientos repetitivos del cabello, nariz, tronarse los dedos, incomodidad para permanecer sentado, etc. El enojo también puede expresarse de forma visible a los demás (discusiones, quejas, peleas etc.). |

## Las consecuencias de la respuesta de ansiedad

Sea cualquier manifestación directa de la ansiedad, es lógico que anhelemos disminuir ese molesto malestar. Sin embargo, las consecuencias de la conducta desempeñan un papel muy significativo en la forma en que actuamos y mantenemos un cuadro de este padecimiento:

- Tengo una crisis de pánico en el cine y salgo corriendo. Al salir, me siento desahogado, puedo respirar más tranquilo y las palpitaciones decrecen.
- Me piden que pase al frente de la clase y exponga mi punto de vista… siento que algunos ya lo han notado: que pensaran de mí, así que poco a poco empiezo a faltar a clases.
- Me da pavor solo pensar que mi hija tenga un accidente por eso le prohíbo encarecidamente que salga con sus amigos, de esa manera disminuye mi sensación de zozobra.
- Si saludo a alguien con VIH siento que debo lavarme las manos repetidamente hasta 7 veces, cuando lo hago, logro quitarme esa idea absurda que así no me contagiare.

La enumeración podría seguir y seguir… pero al final de todo terminaríamos en lo mimo, que las cosas que hacemos a base de cierta situación contienen la esencia de neutro problema ansioso. Tal vez digas en este punto: ¿y qué tiene de malo huir si eso me hace sentir mejor? Pues, es muy buena cuestión, pero como esta guía informativa pretende darte pautas - ensenarte conductas alternativas para poder al menos dar el primer paso para controlar tu ansiedad, obviamente, es vital realizar aquellas cosas que nos den mejoría. Pero la pregunta reside en que tipos de cosas – acciones- conductas nos hacen sentir mejor. Lo que importa aún más, es cuánto dura esa mejoría… ¿es a corto plazo o permanente?

El problema principal de las conductas que pusimos como ejemplo en la lista de arriba, es que únicamente en un corto plazo nos dan la sensación de paz, pero a largo plazo seguirá siendo ineficaz y perjudicial para nuestra calidad de vida, y veamos a continuación por qué:

- Tengo una crisis de pánico en el cine y salgo corriendo. Al salir, me siento desahogado, pero por corto tiempo puedo respirar más tranquilo y las palpitaciones decrecen. A largo plazo se irá agravando y tal vez la persona crea que el cine le provoca dicha crisis y considere que es un sitio peligroso
- Si saludo a alguien con VIH siento que debo lavarme las manos repetidamente hasta 7 veces, cuando lo hago, logro quitarme esa idea absurda que así no me contagiare. Por corto plazo. Es muy bien sabido que entre más pasa el tiempo pueden llegar a aumentar la obsesión. He conocido personas que iniciaron lavándose las manos o lavado cierto objeto por temor a contagiarse de x gérmenes... De principio iniciaban lavándose 4 veces y luego de unos años el TOC se agrava y llegaban a lavarse hasta 40 veces por vez.

Es evidente que la tranquilidad que provoca a corto plazo huir o evitar situaciones que nos provoca ansiedad, al final es contraproducente al largo plazo para nuestra calidad de vida. Porque llegamos a perder de cierta manera el contacto con la realidad en todas situaciones por culpa de las amenazas que sentimos que nos acechan. Cuando huimos de cierta situación creemos que si hubiéramos quedado sintiendo esos molestos síntomas la ansiedad hubiera seguido subiendo y subiendo hasta imites insospechados.

Pero lo cierto es que son inofensivos si lo afrontas. Evitar x situación tiene un efecto similar a huir, desgraciadamente no nos permite ver qué hubiera pasado en tal situación que tememos, y por lo que terminamos imaginando que hubiera pasado lo peor. La próxima vez que presentes un panorama igual quizás pienses ¿y para qué? Es una respuesta muy personal, pero si me la haces a mí, diría, para no dejar pasar el tiempo y disfrutar esos momentos maravillosos que estas dejando escapar. Enfrentar la realidad es lo mejor que puedes hacer. Indudablemente confrontar esas situaciones que tememos es transcendental para superar nuestros miedos y ansiedades.

# La ansiedad y la química emocional

Las personas que padecen ansiedad muchas veces son provocadas por sustancias químicas directa o indirectamente. De hecho, la mayoría de las sustancias que veremos más adelante pueden provocar:

- Trastornos de ansiedad o aumentarlos
- Agravar trastornos que ya tenias
- O aparentemente 'solucionar' problemas ansiosos
- Cronificar el problema

**No profundizaremos porque es evidente, pero la lista que a continuación leerás son las principales sustancias que debes evitar si sientes que tienes cualquier problema derivado de la ansiedad**

- Café, cacao y colas: porque contienen altísimos niveles de cafeína que favorecen toda la sintomatología ansiosa, aunque es difícil resistirse a muchas de estas bebidas, lo recomendable es no ingerirlas.
- Bebidas energéticas: Estas bebidas contienen una especie de cóctel de vitaminas, azúcares, taurina, estimulantes como cafeína y guaraná mismo efecto que cafés, cola, cacao, pero por 5 veces más fuerte en la ansiedad.
- Alcohol, cocaína, anfetaminas
- Cocaína puede causar crisis de pánico
- Anfetaminas y derivados: Estas sustancias poseen un efecto estimulante que puede ocasionar o agravar los trastornos de ansiedad.
- Psicofármacos: ansiolíticos

- Antidepresivos

Se recomienda que única y exclusivamente se medique para los casos de ansiedad más crónicos y graves, siempre bajo el control de un especialista. Los ansiolíticos son eficaces en algunos individuos sobre todo cuando se trata de manejar la sintomatología aguda. Por contrario los antidepresivos están demostrados que tienden ayudar a ansiedades crónicas, sin embargo, la medicación no es la solución al problema, únicamente temporal, pero ayudan mucho cuando se encamina hacia la curación definitiva. Recordemos que la ansiedad es vital para nuestra supervivencia, pero lo importante es controlarla ante reacciones o peligros imaginarios, esa es la solución definitiva a largo plazo.

**3 pautas a seguir que debes tener en cuenta si aún no estas consumiendo ningún tipo de medicación:**

- **Si todavía no consumes ningún medicamento**: No aceptes un tratamiento si exclusivamente consiste en la ingesta de medicación. En ciertos casos se inicia así, porque es efectivo a corto plazo, pero si continuas por un largo tiempo será muy complicado que la dejes. No olvides que nuestro organismo se acostumbrará a los ansiolíticos por ende cada vez se tornará menos eficaces para a la sintomatología y se requerirán dosis más altas.

- **Si ya estás tomando medicación prescrita por un especialista:**

Nunca dejes la medicación de golpe sin orden de tu médico. Debes de checarte periódicamente para ajustar tu dosis e incluso dejar el tratamiento con fármaco si has sentido mejoría. Está científicamente demostrado en las últimas décadas que los tratamientos de clase cognitivo conductual tiene una eficacia parecida a la de los mejores fármacos y una capacidad mucho más alta para ayudarte a salir de la ansiedad.

- **Si estás tomando medicación por tu cuenta:**

Jamás debes medicarte, ya que hay algunos fármacos con un poder adictivo superior incluso a la de algunas drogas ilegales. Así que deja de inmediato la medicación que estas consumiendo y acude a tu médico. Nunca dejes de tomar la medicación por tu cuenta sin previo aviso de tu especialista.

Ahora tenemos una noción más amplia sobre la ansiedad, sus trastornos, su mecanismo general y su sintomatología que presentan los que la sufren y algunas de las sustancias que afecta la química a nuestro organismo que en muchos casos contribuye empeorar. Sin embargo, toda esa información si bien es muy útil para darnos una idea, aún sigue siendo muy general para ayudarnos a salir de nuestra ansiedad de manera significativa. Y es justamente en el próximo capítulo donde trataremos la manera de cómo afrontarla.

Si sientes que tienes ansiedad generalizada o tienes dudas inclusive después de leer esta guía, sinceramente mi consejo es que acudas a un especialista como un psicólogo profesional o un psicoterapeuta; ellos te ayudarán y te diagnosticarán si padeces cualquier trastorno derivado de la misma TAG, y te ofrecerán opciones disponibles que podrán ayudarte a salir adelante. La lectura de este libro puede ser de gran ayuda como complemento. En el siguiente apartado hemos seleccionado una serie de las técnicas más efectivas comprobados para el tipo de ansiedad que tengas. Las técnicas se agruparán en dos encaminadas a dos objetivos:

- **Conseguir una relajación física**
- **Obtener relajación mental**

# Alivio muscular o relajación muscular progresiva

La relajación progresiva básicamente radica en practicar una serie de fáciles ejercicios de tensión y relajación muscular. La principal meta que queremos llegar con dichos ejercicios específicos, al inicio no es tanto lograr una relajación muscular general sino conocer a diferenciar los diferentes estados de tensión muscular que padezcamos. Por lo regular la mayoría no prestamos demasiada atención a las zonas donde se presenta más en tensión, y justamente esa tención es la que crea mucha de la sensación de malestar físicamente.

### Como llevar a cabo dicha relajación

Es fundamental que tengas en cuenta que requerirás disciplina para llevarlos a cabo, y al menos 12 días para que comiences a sentir una notoria mejoría a muscular. Esto tal vez, no te de mucho ánimo cuando la medicación te da de inmediato esa relajación, de cierta manera lo es, pero a la larga esta técnica te dará bienestar permanente. Y los beneficios son cuantiosos... una vez que sepas relajarte no requerirás consumir ningún medicamento para sentirte bien.

Puedes grabar dichas instrucciones con voz o alguien con voz serena puede irte dando la pauta para que tú las vallas realizando.

Ponte lo más cómodo posible. Trata de no pensar en nada, únicamente en tu cuerpo te centrarás. cierra tus ojos y comienza a concentrarte en todas esas sensaciones que van a aparecer en instantes...

Iniciaremos por tu brazo izquierdo. Quiero que centres tu atención únicamente en tu brazo izquierdo... trata de apretar tú puño hasta percibir la tensión que se produce en todos tus dedos y recorre todo tu antebrazo y llega hasta tu hombro... no sueltes... mantén esa fuerza sostenida por 10 o 12 segundos hasta que puedas sentir completamente la tención... ahora suelta toda esa fuerza contenida de una manera brusca. Ahora inmediatamente concéntrate en esa sensación de relajación que ocurre ahora en tu mano y que recorre tu antebrazo y parte de tu hombro. Quiero que te centres únicamente en eso. Que sientes pesadez o ligereza, tal vez sientes un hormigueo o algo de calor... eso está bien no te preocupes, ¿verdad que sientes tu brazo flojo? justo eso es la relajación muscular que te comentaba.

Nuevamente haga los mismo que hizo con su mano izquierda, pero ahora tense su mano derecha desde el hombro hasta su puño, lo suficientemente fuerte para que sienta algo de molestia en sus dedos. 10 segundos nuevamente y suelte de golpe... sienta esa sensación al instante que suelta sus brazo y mano, debe quedar totalmente floja .... Vuelva a respirar de la misma manera; suave y ligera sin forzarla, el aire debe salir sin esfuerzo... inhale profundo y contenga 5 segundos y exhale. Quiero que respire con la parte baja de ambos pulmones de manera lenta y sin presionarte... verás que poco a poco te acostumbrarás...

Tal vez te diste cuenta que al apretar tu puño izquierdo o derecho también se contrarían algunas zonas de tu cuerpo incluido tu otro brazo... es normal al inicio. Pero ¡ojo! Es vital que te concentres para que únicamente se tense esa zona que queremos. Es fundamental que aprendamos a relajar el resto de otras partes de nuestro cuerpo para no sentir esas sensaciones tensas. Un poco más adelante aprenderemos eso.

Nuevamente repetimos ahora en nuestro puño derecho, y soltamos la tención contenida... quiero que repitas al menos 3 veces en cada sesión este ejercicio, lo más pausado posible... no hay prisas. Debes conocer cada sensación de tu cuerpo. Así como estas relajado de ambos brazos y respiración más tu mente en blanco pasaremos al siguiente ejercicio.

Ahora nos centraremos en la musculatura únicamente de nuestro rostro. Seguramente ya te disté cuenta que es algo más complicado, pero conforme a la práctica irás mejorando. Para hacerlo ten en cuenta que debes tensar la zona de la frente, entrecejo, parpados, nariz, labios, pómulos, mandíbula y obviamente la lengua. Ahora vamos a comenzar con la frente, para eso intenta elevar tus cejas con fuerza... ¡sí! elévalas todo lo que puedas y sostén 10 segundos... ahora suelta igual de golpe, sentirás algo de cansancio y algo de libertad de en tu rostro.

Ahora tensa solamente los parpados ¡apriétalos! sentirás una ligera tensión, libera esa fuerza ahora... justo tus parpados se relajan, Sientes el alivio, ¿verdad? aunque un poco cansados... hazlo una vez más y luego suelta...

Tensa ahora los párpados. ¡Apriétalos! Siente la tensión suave en los ojos... y suelta la tensión. Los párpados se relajan, quedan sueltos y casi no se sienten...

Ahora toca turno al entrecejo y la nariz ... sentirás duro entre esas dos zonas ... ahora sientes una fuerza contenida ¿cierto? Suelta, al instante de hacerlo notarás como se relaja esa zona, únicamente esa zona... sentirás la sensación de la tensión a la relajación en segundos. Hazlo nuevamente y suelta. Percibe cada sensación de apretar soltar apretar soltar.

Aprieta tu mandíbula, y la lengua que empuje contra el paladar. Debes sentir la fuerza por 10 segundos en mandíbula y lengua...

Suelta la lengua... queda relajada floja, igual la mandíbula. Repite el mismo ejercito nuevamente.

En este momento tu rostro completo se ha relajado, además de ambos brazos y tu respiración es tranquila y relajada.

Ahora es momento de relajar el cuello. Para hacerlo puedes intentar tocar con tu barbilla tu pecho o simplemente hacer fuerza con tu cuello por 10 segundos. Sientes la tensión... esta rígido, duro. Ahora suelta la fuerza en tu cuello... queda relajado un poco cansado pero relajado. Vuelve a repetir nuevamente. En este punto quiero que notes toda tu atención en la sensación de bienestar que se va juntando. Respiración fluida sin forzar, brazos relajados, rostro y ahora cuello, y obviamente lo más importante; tu mente únicamente concentrada en estas sensaciones en nada más... no quiero que pienses en nada más que aquí en tu presente.

Para tensar nuestros hombros trataremos de hacerlos para atrás como si se quisiera tocar hacia atrás por la espalda. Sientes la tensión... suelta. Nuestra espalda parece relajarse. Vuelve a repetir el ejercicio, pero ahora adelante y relaja. Siente cada uno de esas sensaciones...

Ahora aprieta tu abdomen, como si fueras hacer una abdominal. Apriétalo por 12 segundos y suelta, ¡ves como sentiste la fuerza contenida! y ahora queda de nuevo blandos y relajados. Seguro ya has notado lo agradable que es sentir la sensación luego de estar tensionando ...

Ahora quiero que tenses la zona media y baja de tu espalda. Intenta arquear tu espalda como si desearas sacar tu estomago hacia delante. Hazlo... sientes la pequeña tensión... ahora suelta. De la misma forma que los anteriores sencillos ejercicios sientes la relajación... hazlo igual de nuevo, no olvides concentrarte en cada sensación agradable cuando sueltas la tensión...

En este momento ya tienes una respiración fluida y relajada no forzada, el oxígeno entra y te relaja... tus pensamientos están en el ahora no piensas en nada más que en esas sensaciones que antes no les habías prestado atención ... la respiración continua muy profunda y te relaja cada vez más.

Justo ahora toca el turno de nuestra pierna izquierda, para ello tensa con fuerza tu muslo desde la nalga hasta la punta del pie como si fuera a puchar el freno del auto. ves que se siente la tensión... suelta ahora.... Como sientes que se relaja la zona de la pantorrilla, el muslo, el pie... quiero que te concentres en cada sensación de toda la pierna, quiero que conozcas cada sensación que se percibe cuando estas tenso y cuando relajas... quiero que lo vuelvas hacer igual .... Suelta, y siente esas sensaciones relajantes cada vez contraes y sueltas. Ahora repite lo mismo, pero con tu pierna derecha...

En este punto todo tu cuerpo está completamente en relajación... tu rostro, tu cuello, la zona de los hombros, tu estómago, la zona de la espalda, y obviamente ambas piernas... tu respiración sigue en armonía, tranquila y con respiraciones así profundas sin forzar; tu energía se renueva y la tensión en tu cuerpo poco a poco se va... y te das cuenta que la relajación te da mucha paz y mejoría... tienes derecho a eso, todos lo tenemos, pero para ello hay que aprenderlo...

Mantén tus ojos cerrados no las abras... disfruta en tu mente igual esa relajación...

Después de al menos 8 minutos así puedes incorporarte. No te levantes bruscamente, hazlo suave puesto que en este ejercicio de relajación muscular has hecho que todos tus músculos estén flojos sin tensión y puedes sentirlo indispuestos.

*Quiero recalcar que este efectivo ejercicio muscular es muy usado en los principales centros terapéuticos alrededor del mundo.

Es fundamental llevarlo a la práctica al menos 2 veces por día por aproximadamente 10 a 15 minutos.

Recomiendo que lo lleves a cabo en un lugar tranquilo sin interrupciones, o mucho mejor en un lugar rodeado de naturaleza verás que los resultados serán increíbles. Como sucede con cualquier otro ejercicio la calidad en nuestra relajación vendrá cuanto más practiquemos diariamente. Sin lugar a dudas los mejores beneficios de este ejercicio vendrán luego de un par de semanas a lo mucho un mes, siempre y cuando lo hagas mínimo dos veces por semana.

Si grabas el ejercicio anterior en audio es fundamental que lo hagas con un ritmo y entonación armónico para que sea igualmente estimulante. Si al principio te resulta difícil dejar la mente en blanco no lo hagas, no fuerces tus pensamientos, pero si debes enfocarte en el ejercicio y las sensaciones que sientas.

Aquellos individuos que padecen trastornos de pánico deben tener presente que este tipo de ejercicios les pone más en sintonía con sus sensaciones fisiológicas; como latidos, respiración etc. Justamente esto puede resultar atemorizador, pero no lo es, ten en cuenta que son inofensivos. Si sientes mareos debido a la respiración controlado no lo hagas tan intenso. Recuerda gradualmente lograrás tener un alto nivel de concentración aun con la respiración profunda.

Hay otras maneras de relajarnos muscularmente, uno de ellos es el ejercicio físico de leve a moderado. A continuación, veremos cuáles son los mejores.

**Mejores deportes que te pueden ayudar tu relajación**

- **La Yoga:** Ante repetidos cuadros de ansiedad es recomendable practicar este ejercicio. Esta demostrado clínicamente que esta práctica ayuda a controlar la respiración y conseguir paz mental y física, además ayuda a obtener una conciencia adecuada sobre nuestro cuerpo sumado a controlar emociones de manera positiva.

- **El Boxeo – MMA:** Es muy útil para cuadros de ansiedad severos. Especialistas de todo el mundo coinciden que el boxeo o las MMA como práctica deportiva alivia en gran medida la sintomatología ansiosa además de la depresión, debido a que suministra una enorme cantidad de las hormonas de la felicidad como son las endorfinas, oxitócicas, dopamina, serotonina, y por ende un estado de ánimo positivo y feliz. Además, aumenta nuestra autoestima conforme vamos mejorando y haciendo cambios en nuestro cuerpo.

- **Los Pilates:** es muy recomendable la práctica de Pilates para los individuos que sufren de ataques de pánico. Te ayuda a controlar tu cuerpo y a dominar esos impulsos además que te da un alto nivel de capacidad para concentrarse con la práctica. Además, hace que te muevas mejor y sin dolor, lo cual crea una cadena de bienestar. Recuerda que para ser feliz el primer requisito es sentir el bienestar físico.

- Para los insomnios derivados de la ansiedad las mejores actividades que puedes realizar son todos aquellos de carácter aeróbico, como, por ejemplo: caminata, bicicleta, trote, running, que mejoran increíblemente la circulación sanguínea y nuestra frecuencia cardiaca, dándole relajación a nuestro cuerpo y por lógica facilitándonos un mejor descanso.

- **Los deportes en equipo:** las dificultades que tenemos para convivir con otras personas socialmente principalmente residen en la falta de habilidades y destrezas expresivas y baja autoestima que tenemos. En casos de esta índole suele prescribirse como apoyo a terapia; la práctica de deportes en grupo debido a que mejora en gran medida nuestras habilidades sociales. Entre ellos se encuentran deportes como voleibol, futbol, basquetbol etc. En esta clase de deportes es vital comunicarnos entre sí con mensajes sencillos que nos llevan a vencer en equipo.

- **Natación:** La natación es un deporte que habitualmente se lleva a cabo individualmente, por lo por lo que puede ser muy útil para individuos que padecen fobias sociales. Les ayuda a poco a poco a sumergir en el ámbito social.

# Mejores alimentos como apoyo a tu ansiedad

**Aguacates:** De acuerdo a un estudio hecho por la universidad de Oxford en 2018 reveló que los alimentos con más alto nivel de vitamina B contribuyen a nuestro bienestar físico. De acuerdo a dicho estudio los aguacates están entre las verduras que más contienen dicha vitamina y son excelentes estimulantes para la liberación de neurotransmisores como la dopamina y exotoxina que tiene un impacto emocional positivo en todo nuestro organismo.

**Espinacas**: Otro experimento llevado por la universidad Instituto Broad del MIT - Estados Unidos. Reveló en ratones que las dietas bajas en magnesio aumentaban directamente los comportamientos derivados de la ansiedad, he ahí la importancia de consumir los alimentos que más contenido en magnesio tengan como: trigo integral, quínoa y toda clase de almendras y cacahuates.

**Salmón**: Una investigación realizada en 2010 apunta que los aminoácidos grasos tales como el omega 3 y sus derivados pueden ayudar significativamente contra la ansiedad, ya que impacta en la química cerebral. Se recomiendo salmón o diferentes variedades de pescado al menos de dos a tres veces por semana ya que beneficia en gran medida a calmar cuadros de ansiedad e insomnio.

**Espárragos:** Esta verdura es quizás uno de los vegetales con más estudios probados para combatir cuadros ansiosos. Tal es su eficacia que incluso el gobierno nipón aprobó el uso de extracto de este vegetal en bebidas como suplementen contra la ansiedad.

**Frutas con más Antioxidantes:** Ya está demostrado desde hace años que tener niveles altos de ansiedad está directamente relacionado con niveles antioxidantes muy bajos. Tal ansiedad la podemos controlar consumiendo alimentos ricos en antioxidantes como, por ejemplo: nopales, limones, ajos, frijoles, y toda la clase de bayas (fresas zarzamoras arándonos rojos, brócoli, aguacates. Y todas las frutas verdes.

**Almendras y fruto secos:** Una de esas clases de frutos para ayudarnos contra este trastorno, es consumir almendras y frutos secos todos los días debido su alto aporte de vitaminas B2, E y C igualmente ayudando a fortalecer tu sistema inmunológico en cuadros de estrés causado por la sintomatología del tag.

**Avena y chocolate negro:** Es un súper alimento combinado y contiene todos los elementos para inducir calma al organismo. Además de bajar la ansiedad en minutos al menos temporalmente.

Uno de los trucos que suelen funcionar para ansiedad especialmente si padeces insomnio por ansiedad; es un vaso de leche caliente con un té de levanta y tila, debido a la mezcla idónea de propiedades sedantes.

**El pavo:** aunque parezca increíble el pavo contiene triptófano aminoácido encargado de ayudar a la fatiga y relajación muscular especialmente cuando estas tenso debido al mismo trastorno.

**Chucrut.** Entre los mejores alimentos para combatir la ansiedad encontramos aquellos ricos en probióticos como el chucrut o los encurtidos o el kéfir.

**Ostras:** por su altísimo nivel de zinc Este molusco es rico en vitamina B12, por lo que podrían ayudar a reducir la presión del cerebro, según un estudio publicado en la revista *Neurology*[1] *scientist*. Además, las ostras tienen ácidos grasos omega-3, cuya falta se ha relacionado con un mayor riesgo de suicidio y depresión[2]. Y ansiedad

---

1.    *https://n.neurology.org/content/77/13/1276*

2.    https://www.ncbi.nlm.nih.gov/pmc/articles/PMC533861/

## Técnicas más usadas para disminuir los miedos y la ansiedad

**La relajación autógena:** Es una técnica psicoterapéutica que consiste en la concentración pasiva de las sensaciones fisiológicas. Dicha técnica se basa exclusivamente en todas las sensaciones que se producen en nuestro cuerpo a base de estímulos con nuestra voz. La finalidad, es conseguir una total relajación profunda y bajar el estrés y la ansiedad. La base de esta técnica reside en 6 sencillos ejercicios que producen en el cuerpo que hace que se sienta en diferentes estados como; cálido, relajado o pesado. En todos los ejercicios se emplea la imaginación y maneras específicas de hablar para llevar nuestro cuerpo de una forma objetiva a ese estado de conciencia. Quiero que grabe con una voz dulce y tranquila el siguiente ejercicio, y luego trate de hacerlo lo más cómodo posible recostado en un sillón que le resulte cómodo. Ejemplo:

Comienza con una respiración profunda, pero pausada y tranquila, siendo tu exhalación el doble que lo que respira... ejemplo. Respira durante 5 segundos hasta el fondo, luego exhala durante 10 segundos lentamente hasta vaciar tus pulmones... inhala nuevamente, pero más despacio algo profundo por 5 segundos, cierra tus ojos y conforme exhalas mantelos por 10 segundos, bien, inhala otra vez ahora 6 segundos... recuerda será el doble de exhalación... tus ojos cerrados continúan sintiendo cada sensación que produce la respiración controlada. Ahora que has hecho todo al menos 2 veces es hora de comenzar… ahora te dirás a ti mismo(a): "mi brazo izquierdo comenzara a sentir una pesadez, "mi brazo izquierdo comienza a pesar más y más". Concéntrate en tu brazo y de igual manera repite esto con todas tus extremidades incluyendo rostro y cuello.

No abras los ojos, mantén esa concentración ahí… ahora vuelve de nuevo a empezar con tu brazo derecho, pero esta vez lo repetirás 6 veces… mi brazo izquierdo comenzará a sentir una pesadez cada vez más y más. Luego continúa con todo tu cuerpo igual 6 veces. Una vez terminado sin importar cuanto te llevó, repite: "mi respiración comenzará a hacer más y más fluid… mi estómago no siente miedo ni malestar… Mi corazón comienza a bajar el ritmo… me siento más tranquilo". Repítelo 5 veces… una vez hecho eso respira lo más hondo posible sin forzar a tus pulmones… exhala por 10 segundos y mientras los vacías di: "todo el estrés está saliendo, toda la ansiedad está saliendo. Inhala… repítete mensajes positivos… no abras aun los ojos, las afirmaciones combinadas con esta técnica son muy poderosas ya que envían mensajes al subconsciente reprogramándolo nuevamente. Se dice que al menos haciendo dicha técnica por dos meses sentirás grandes resultados en tu mentalidad.

Continua respiración… di: "sanaré, la ansiedad se irá de mi vida justo como llego… soy feliz… respira e inhala con ese cuadro mental de que eres feliz, de que ya has sanado.

Es importante que en cada respiración que hagas, repitas esa frase positiva… debes dibujar en tu mente la escena al tiempo que exhalas... puede ser cualquier frase siempre y cuando sean positivas. Recomiendo hacer esta técnica una vez al día mínimo 20 minutos. Percibirás grandes resultados si lo haces con fe de que podrás sanar de tus cuadros ansiosos. No hay algo más poderoso que una mente dispuesta a cambiar sus patrones mentales con la positividad.

## Mindfulness

Básicamente consiste esta técnica en tener la capacidad de sentir el instante presente, tanto internamente como externamente al tiempo que se tiene que canalizar y no prestar atención a todas aquellas angustias, culpas, culpas, juicios, y pensamientos negativos pasados. Se puede emplear para cualquier cosa, incluso para la ansiedad, de hecho, la filosofía del mindful es que sea un estilo de vivir la vida.

**Quiero que hagas este ejercicio:**

Encuentra un lugar pacifico de tu casa... lo ideal sería practicarlo cerca de un rio, en el mar o rodeados de árboles para potenciar todos los estímulos a tu mente.

Coloca tu cuerpo de una manera relajada sin acostarte.

Puedes hacerlos con los ojos abiertos, pero lo recomendable es mantenerlos cerrados ya que se llega más profundo a las emociones. Ahora quiero que te centres en crear algo con tu mente en este instante, puede ser un único pensamiento positivo, un objeto que ames, una frase que adores, o un lugar... céntrate en eso que elijas... enfócate, no pienses solo céntrate y siente la paz que te va llevando poco a poco aun estado mental más y más profundo... céntrate en eso que elijas... no crees una historia solo concéntrate en eso, un pensamiento, un objeto... veló en tu mente. Si salen pensamientos déjalos que fluyan, pero no le tomes importancia solo se desvanecerán... tu únicamente pon atención a ese objeto o frase que elegiste.

Existen muchos ejercicios para aprender, pero si tienes ansiedad y necesitas calmarlos rápidamente, te aseguro que este básico ejercicio del mindfulness te ayudará a lograrlo en minutos. Debes hacerlo al menos dos veces por día mínimo de 10 minutos. notarás que una vez que la domines en lo profundo de tu concentración la sintomatología ansiosa se reducirá hasta desvanecerse.

## Meditación

Para realizar este esté ejercicio únicamente siéntate cómodo. Cierra tus ojos enfócate únicamente en decir un mantra, es decir una frase poderosa en este caso, dirás: no tengo miedo, estoy en paz... me amo mucho, estoy sano...

Pon tu mano en tu estomago mientras canalizas tu propia respiración y vuelves a repetir la serie de oraciones ya mencionadas, repítelas... lo ideal es que repitas las frases que creas que son más positivas para ti al menos 2 días seguidos, de ese modo crearás un patrón mental que irán poco a poco sacando toda la negatividad que tú mismo te has impuesto por cuadros ansiosos a lo largo de mucho tiempo. Todo lo que entra en nuestra mente consiente va al subconsciente, así que volveremos de nuevo a poner nuestra mente en óptimas condiciones conforme hagamos más de estos ejercicios.

Si en dado caso sientes una inundación de pensamientos, no trates de echarlos, déjalos que fluyan, pero no te concentres en ellos, es fácil, solo no les des importancia. Se irán solos. Sigue concentrado en únicamente mantener tus ojos cerrados, respirar naturalmente y decir las frases poderosas o mantras: soy feliz, me siento sano, siento una paz plena... presta atención a tu respiración... ahora que estas a mitad del ejercicio ya no dirás nada. En vez de decirlas las dirás con tu mente y te enfocarás en tu respiración. Cuando inhales y exhales quiero que prestes atención como fluye tu energía cuando respiras y cuando la liberas.

Cuando alguien tiene ansiedad por el estrés que conlleva, solemos respirar con la parte alta de nuestros pulmones, así que para bajar esa sensación molesta hagamos el siguiente ejercicio:

Siéntate en una silla cómoda, pon tu mano en tu vientre y con la derecha en tu pecho...

Respira por la nariz durante 5 segundos muy pero muy lentamente, de forma que tu mano derecha en tu pecho se comience a elevar un poco producto del aire inhalado... ahora mantén ese oxigeno durante 5 segundos... luego exhala por la boca durante otros 5 segundos intentando sacar todo el aire que puedas al tiempo que aprietas tu abdomen con fuerza. Si al principio no te resulta cómodo los segundos, puedes comenzar a tu ritmo. Lo ideal es soportar 15 segundos en inhalación despacio y mantener 15 segundos para luego exhalar durante 15 segundos. La práctica es la clave, y esta técnica es sumamente eficaz para los ataques de pánico.

Ahora vamos a hacer otro ejercicio vital, ciertamente hay que señalar que no todas las personas podrán tener grandes resultados, pero hay un alto porcentaje que tiene grandes resultados con esta técnica de meditación.

**Imaginación guiada:** Consiste en imaginar un paisaje o escena en que tu sentirás vívidamente que estás ahí, obviamente con el objetivo de relajarte de todas esas sensaciones poco agradables. Es una de las mejores técnicas empleadas como apoyo a las terapias cognitivas que se hacen contra la depresión y los miedos. Quiero que lo hagas todos los días. Hazlo con toda la fe de que sanarás... quiero que lo hagas lo más real posible.

Igual como las anteriores encuentra el mejor sitio donde puedas tener paz, armonía y comodidad. Cierra tus ojos e imagina el lugar más hermoso, tranquilo y pacífico de la tierra. Imagínatelo tan realista como tu imaginación te lo permita ¡es posible...!

Siente como en ese lugar todos tus sentidos funcionan cien por ciento... puedes ver lo hermoso del lugar, puedes sentir el aire cálido que se siente en tu rostro. Puedes oler la vegetación preciosa que hay a tu al redor, escuchar el cantar los preciosos pájaros y algunos que otros sonidos de animales mientras a lo lejos ves enormes sembradíos de trigo mientras la puesta de sol te maravilla... sientes y percibes texturas, colores olores, mientras tomas con tu mano una flor de avellana.

Mantén tus ojos cerrados, es hora de caminar por ese maravilloso lugar... imagínate comenzando a caminar y sintiendo todas esas sensaciones... así como es de maravilloso y pacifico el lugar, tu estas igual en paz y en armonía contigo mismo... ahí no hay nada de malo en ti, no hay ansiedad: nada solo felicidad y paz....

Mantente así caminando y sintiendo toda esa gama de sensaciones que tus sentidos pueden darte y deja fluir cualquier preocupación, pensamientos negativos o angustias... poco a poco percibirás que practicando este cuadro mental al menos una vez antes e irte a trabajar o después de volver, cualquier ansiedad que tengas disminuirá increíblemente.

# Remedios naturales contra la ansiedad

Si bien los remedios naturales no son curas para la ansiedad si pueden beneficiarnos en gran medida para relajarnos y poder dormir. Estos remedios son muy útiles, obviamente siempre que se acompañe con todo lo que hemos mencionado en los apartados anteriores. Y por supuesto con psicoterapias o siguiendo tratamientos prescritos por especialista.

Si quieres dejar a un lado los fármacos que contienen sustancias químicas y deseas remedios naturales igual de efectivos, a continuación, encontrarás una lista que podrían ayudarte:

**Infusiones de Valeriana**

Esta planta se ha empleado durante miles de años para mucha clase de padecimientos y hace unos años comenzó a recetarte incluso por pediatras convencionales. Estudios recientes han demostrado que la raíz y hojas de la valeriana tiene un efecto directo en los neurotransmisores **gaba** que son los principales neurotransmisores inhibidores, es decir, que inducen disipando el estrés y la ansiedad.

La dosis recomendada son dos bolsitas en una infusión 1 hora antes de ir a dormir.

**Infusiones de té verde**

Pese a que esta hierba es bastante estimuladora debido a sus sustancias activas, también estudios han demostrado que tiene grandes beneficios para la ansiedad debido a la teanina responsable en dar relajación muscular y cerebral. Sumado a que ayuda a las taquicardias y a la presión arterial, ideal para personas que sufren ataques de pánico por las noches.

Dosis recomendada: 1 bolsita en infusión 30 minutos antes de ir a dormir. O en su caso 100 miligramos de suplemente de L-teanina. Afortunadamente no contienen efectos secundarios.

**Bálsamo de limón**

Se ha empleado desde hace más de 500 años para el insomnio ansiedad y cuadros nerviosos. Tiene propiedades relajantes que actúan rápido. La dosis se recomienda es una infusión si es una ansiedad moderada. No se debe consumir más de 2 infusiones porque es muy estimuladora, especialmente por las noches.

**Raíz de regaliz**

Una de los mejores para calmar nuestro cuerpo en situaciones de sumo estrés, sumado a sus potentes propiedades para regular los niveles de glucosa en sangre. Además de estimular la zona craneal y cerebroespinal dando automáticamente después de varios minutos de consumirlo calma mental y muscularmente. La dosis recomendada son 100 miligramos de raíz hervida por 2 tazas de agua. Únicamente consumir cuando se presente cuadros ansiosos.

**Kava**

Usada contra el nerviosismo e insomnio es ideal para las personas que sufren de ansiedad generalizada. Ya esa avalada científicamente su eficacia.

Dosis recomendada: dos infusiones por las noches especialmente 40 minutos antes de ir a dormir.

**Tila**

El té de tila es una de los extractos más consumidas para los cuadros de ansiedad y miedos. Si bien no es tan potente como la valeriana, combinado puede ser sumamente eficaz. La dosis son 3 bolsitas únicamente cuando se presente problemas para relajarse antes de ir a dormir o en las tardes.

### Pasionaria

Esta infusión actúa como ansiolítico y es un calmante y relajante que proviene de la flor de la pasión. Fue empleada por el imperio azteca y maya hace cientos de años por sus poderosos efectos analgésicos y sedantes en situaciones estresantes. Igualmente se usa en casos de depresión moderada debido a que produce sensaciones de euforia y viveza. De igual manera se emplea en todo el mundo en centros naturistas como un aliado contra el insomnio, ansiedad y taquicardia. La dosis ideal es una infusión si presenta la sintomatología.

### Escutelaria

La escutelaria es una planta muy eficaz para las personas que sufren de ansiedad y nerviosismo acompañada de tensiones musculares. Se puede tomar en te. La dosis 2 bolsitas en infusión. puedes encontrarla en tiendas naturistas.

### Manzanilla

La manzanilla es una infusión muy consumida que posee no solo propiedades beneficiosas para la digestión. Esta planta tiene propiedades ansiolíticas y ayuda a combatir y reducir el nerviosismo, al menos eso indica un estudio de la universidad de Oxford llevado a cabo en 2014 con 6500 voluntarios.

### Hipérico

Esta planta tiene grandes beneficios principalmente a equilibrar los neurotransmisores que tiene un impacto directo en nuestro estado de ánimo. La dosis idea son dos infusiones antes de irte a dormir

### Raíz ártica

Esta planta favorece el aumento de la actividad de la serotonina, la noradrenalina y la dopamina neurotransmisores de la felicidad, por lo que inmediatamente después de tomar la infusión sentirás una relajación y bienestar sin igual.

**Lúpulo**

De sabor amargo es muy conocido por su eficacia para tratar la ansiedad, el nerviosismo, el estrés, el insomnio. Se emplea en todo el mundo y no presenta efectos secundarios de cuidado, pero se recomienda únicamente consumirlos si padece ansiedad. La dosis únicamente dos infusiones.

**Té de Ashwagandha:** tiene un sabor muy agradable y combate directamente la sintomatología ansiosa, de dos a 3 bolsitas al día si padece ansiedad crónica. Trae relajación a los 30 minutos de consumirla.

**Hierba Luisa**: ideal para las personas mentalmente decaídas, ayuda a calmar los nervios moderados. La dosis empleada por lo regular son dos bolsitas antes de ir a dormir. No es aconsejable para embarazadas o lactando.

# Consejos que te pueden ayudar para enfrentar y superar tus miedos

**No huir de los miedos:** por no decir todos, pero la mayoría de las personas que sufren miedos por lo regular siempre intentan distraerse para no centrarse en el problema, lamentablemente la mayoría de las veces es temporal. Por fortuna y es el mejor método para lograrlo si en vez de huir de nuestros miedos los confrontamos durante 10 minutos diariamente poco a poco crearemos un nuevo patrón cerebral y dejaremos de temerle a eso, obviamente existen miles de miedos, pero en general funciona casi para todos. Por ejemplo, si tienes fobia social la mejor manera de salir de ese miedo es exponerte ante situaciones con personas. La exposición es el método más efectivo, y ¡sí! es reiterativo, pero no existe magia para salir de un miedo si no lo confrontamos directamente. La mayoría de los psicoterapeutas emplean terapias de exposición para tratar las fobias...

Exponte al menos 10 minutos diarios a ese miedo sea de donde se origine: pensamiento, animal, situación, y verás que podrás poco a poco a salir de él. No te pasará nada al exponerte. Es nuestra mente la que hace que creamos erróneamente. Tampoco debe importarnos el que dirán, tal vez piense sí, pero es un sentimiento horrible exponerse y... Si lo comprendo, yo pase igual por eso... pero créeme, una vez que te expongas día tras día a ese sentimiento comenzará poco a poco a desvanecerse y cuando menos pienses dirás: que todo eso que sentías hace un mes, 2 meses, 4, y 8 meses atrás era sumamente ridículo e ilógico. ¡Atrévete!

**Darles un nombre afectuoso a nuestros miedos:** colocarles un nombre a todos los miedos que tengamos podrá ayudarnos a dejar de verlos como peligrosos y empezaremos a aceptarlo, y ese el primer paso para vencerlos.

**Hacerte amigo de ellos:** es difícil al principio, pero verlos como amigos, en vez de como amenazas es primordial para comenzar a tomar el control sobre nosotros mismos. Por ejemplo, yo temía que llegara la noche por el miedo a no poder dormir, pues pase años así hasta que empecé a emplear esto: primero expuse a ese miedo, luego le puse un nombre amigable, para luego hacerlo mi amigo... poco a poco comencé a perder ese miedo hasta el punto de ahora mirar al pasado y reírme, obviamente cada quien vive sus miedos de una manera distinta, y cuando están en su momento no los mira uno así. Pero si lo aplicas podría funcionarte increíblemente.

**Comparte tus miedos:** cuando éramos niños solíamos decir a papá nuestros miedos y de alguna manera nos sentíamos más tranquilos. Al igual que antes, puedes hacerlo con alguien que te escuche a quien el tengas confianza. Es fundamental acudir con un psicólogo igual para tratar tus miedos si así lo deseas.


**Exigir al miedo a permanecer:** cuando se aplica esta técnica tan sencilla de hacer por todos los medios que nuestros miedos se queden, contrariamente hacen lo contrario; se marchan. Para que este método funcione, es vital que cuando sintamos el miedo de repente nos concentremos en hacer justo esto, retener como dé lugar ese miedo lo más que podamos, especialmente en ataques de pánico, y cuando menos pienses se irá.

La esencia de este libro reside en dar información sintetizada de la ansiedad sobre su problema y una explicación puntual. A partir de dicha información y dependiendo de qué forma llegó o se desarrolla la ansiedad en ti debes analizar en hacer las pautas que menciona el libro o acudir con un especialista. Más allá de que el libro pueda aportar valor y hacerte sentir mejor, mi recomendación es que acudas cuanto antes con un especialista certificado.

Las técnicas y métodos mencionados en esta guía cuentan con base científica comprobada. Si este libro te ha ayudado a sentir al menos una ligera mejoría el trabajo está hecho y el mérito es completamente tuyo. Recuerda, no existe una magia para eliminar la ansiedad de un día a otro, pero si puedes deshacerte de ella si pones todo de tu parte.

Sé que es difícil llevar todo a la práctica lo que menciona esta guía, pero créeme, si lo intentas; sé que podrá ayudarte en demasía porque yo mismo he probado todo lo que está plasmado aquí y me han dado resultados asombrosos. Pero independientemente de este libro, reitero, es sumamente vital que recibas un diagnóstico para determinar eficazmente y sin ambigüedades el origen de tu padecimiento, y de esa manera será más fácil dar con el tratamiento adecuado para ti. En hora buena, espero que sea de gran ayuda este manual y te recuperes de ese gatito disfrazado de monstruo. Muchas gracias.